Pinguine

Text von Sabrina Kuffer

Illustriert von Dieter Tonn und Karl-Heinz Höllering

Tauche mit Benny Blu ein in die Welt der flinken Pinguine!

Wie leben sie? Was fressen Pinguine? Und wie sieht ein Pinguin-küken aus?

Pinguine sind tolle Schwimmer!
Sie leben im und am Meer.

Flink tauchen sie unter Wasser und jagen nach Beute.

Mit ihrem kräftigen Schnabel schnappen sie nach Fischen.

Kleine Tintenfische und Krebse schmecken den Pinguinen ebenfalls sehr gut.

In der Heimat der Pinguine liegen oft Schnee und Eis. Trotzdem frieren sie nicht.

Statt Flügel haben Pinguine Flossen.
Damit kommen sie unter Wasser
sehr schnell voran.

An Land sind Pinguine nicht so geschickt: Sie watscheln in kleinen Schritten vorwärts.

Eine schöne Rutschpartie! So geht es schneller als zu Fuß.

Pinguine leben in großen Gruppen zusammen. Da gibt es immer ein ziemliches Geschnatter!

Manchmal rufen Pinguine laut.
So finden sie sich gegenseitig.

Die meisten Pinguine bekommen einmal im Jahr Nachwuchs.

Bei den Kaiserpinguinen legt die Pinguinfrau ein Ei und übergibt es dem Pinguinmann. Dieser hält es schön warm.

Nach einiger Zeit schlüpft daraus ein kleines Pinguinküken.

Aus dem Schnabel der Eltern bekommt das Küken seine Nahrung.

Nach ein paar Monaten erkunden die kleinen Pinguine zum ersten Mal das Meer.

Im Tierpark kannst du Pinguine besuchen.

Beobachte sie doch einmal aus der Nähe!

Weitere Titel

Bei **Benny Blu Bambini** findet ihr auch diese Bücher ...

... und noch viele, viele mehr!